BOEKANALYSE

De schaduw van de wind

· · · · · · · · · · · · · · · · ·

CARLOS RUIZ ZAFÓN

BOEKANALYSE

Geschreven door Noémie Lohay
Vertaald door Nikki Claes

De schaduw van de wind

CARLOS RUIZ ZAFÓN

CARLOS RUIZ ZAFÓN

SPAANSE AUTEUR
EN SCENARIOSCHRIJVER

- **Geboren in Barcelona in 1964.**

- **Opmerkelijke werken:**

  - *Marina* (1999), roman

  - *The Angel's Game* (2008), roman

  - *De gevangene van de hemel* (2011), roman

De Spaanse auteur Carlos Ruiz Zafón werd in 1964 in Barcelona geboren. Hij begon op 19-jarige leeftijd in de reclame te werken, maar verliet zijn baan in 1993 om de young adult roman *The Prince of Mist te* publiceren, die de Edebé Literaire Prijs voor Young Adult Fiction won.

Vervolgens schreef hij een aantal boeken voor zowel jongvolwassenen als volwassenen, waaronder *De schaduw van de wind* (2001), dat wereldwijd de bestsellerlijsten aanvoerde. Het werd gevolgd door *The Angel's Game* (2008), *The Prisoner of Heaven* (2011) en *The Labyrinth of Spirits* (2016); samen vormen de vier boeken de *Cemetery of Forgotten* Books-serie. Ruiz Zafón verdeelt zijn tijd momenteel tussen Barcelona en Los Angeles, waar hij werkt als scenarioschrijver.

DE SCHADUW VAN DE WIND

BARCELONA IN DE NASLEEP VAN DE SPAANSE BURGEROORLOG

- **Genre:** roman

- **Referentie uitgave:** Ruiz Zafón, C. (2004) *The Shadow of the Wind.* Trans. Graves, L. Londen: Phoenix.

- **1e druk:** 2001

- **Thema's:** Spaanse Burgeroorlog, herinnering, lot, mysterie, schrijven, liefde

De schaduw van de wind werd voor het eerst gepubliceerd in het Spaans in 2001, en een Engelse vertaling door Lucia Graves verscheen in 2004. De roman was onmiddellijk een populair en kritisch succes over de hele wereld, en heeft een aantal nationale en internationale literaire prijzen gewonnen.

De schaduw van de wind speelt zich af in het naoorlogse Barcelona en volgt de jonge boekhandelaar Daniel Sempere, die op het mysterieuze Kerkhof der Vergeten Boeken een roman ontdekt met de titel *De schaduw van de wind* van de schrijver Julián Carax. Daniel raakt gefascineerd door Carax en het mysterie rond hem, en roept de hulp in van zijn vrienden om hem en zijn verhaal te onderzoeken.

SAMENVATTING

HET WARE VERHAAL VAN JULIÁN CARAX

Het verhaal van Julián Carax, de auteur van de fictieve roman *De schaduw van de wind,* wordt verteld aan de hand van een brief van Nuria, een van zijn kennissen, aan Daniel. Dit wordt echter pas aan het eind van het boek onthuld.

Nuria werkt voor Cabestany Editores in Barcelona, waar ze Julián ontmoet. Hij nodigt haar uit om bij hem te logeren tijdens een reis naar Parijs in 1933, en de twee groeien naar elkaar toe en worden geliefden. Nuria wordt verliefd op Julián, maar beseft dat hij nog steeds gevoelens heeft voor Penélope Aldaya, een vroegere geliefde die hij sinds 1919 niet meer heeft gezien.

Terug in Barcelona verneemt Nuria van Juliáns jeugdvriend Miquel Moliner dat hij en Penélope eigenlijk broer en zus zijn, hoewel geen van beiden zich daarvan bewust is. Toen hun biologische vader Ricardo Aldaya achter hun relatie kwam, greep hij in en Julián wist te voorkomen dat hij door zijn vader en meneer Aldaya gedwongen werd zich bij het leger aan te sluiten door met hulp van Moliner naar Parijs te vluchten. Hij dacht dat Penélope zich daar spoedig bij hem zou voegen, maar wist niet dat zij zwanger was geworden van zijn kind en dat zij door haar vader gevangen zou worden gehouden alvorens te sterven tijdens de geboorte van een doodgeboren kind.

Na de dood van Penélope vertrekken Ricardo en zijn zoon Jorge naar Argentinië. Als Ricardo op zijn sterfbed ligt, belooft Jorge hem dat hij Julián zal vermoorden. Na enkele jaren in armoede te hebben geleefd, keert hij terug naar Barcelona, waar hij een politieman en oud-klasgenoot van Julián ontmoet, Javier Fumero, die hem ook probeert te vermoorden omdat hij ook verliefd was op Penélope. Fumero neemt Jorge onder zijn hoede en wakkert zijn haat tegen Julián aan. Hij gebruikt Jorge om de schrijver naar Barcelona te lokken en Julián hapt in het aas en keert terug naar de stad aan het begin van de Spaanse Burgeroorlog (1936-1939).

Nuria en Miquel, die inmiddels getrouwd zijn, horen dat Julián terug is en gaan naar hem op zoek. Ze vinden hem uiteindelijk net als Fumero's handlangers zich klaarmaken om hem te doden. Miquel besluit zich dan voor te doen als Julián en sterft in zijn plaats. Als Julián het graf van Penélope tegenkomt, geeft hij zichzelf de schuld van haar dood en wordt verteerd door woede dat hij nog leeft, maar zij heeft moeten sterven. Hij gaat naar het pakhuis van Cabestany en begint al zijn boeken, die zijn levenswerk vormen, te verbranden, waarbij hij zelf ernstige brandwonden oploopt.

Na dit incident neemt Nuria hem in huis en beschermt hem tegen Fumero, die nog steeds naar hem op zoek is. De auteur herstelt geleidelijk en in 1945 neemt hij zijn toevlucht tot het voormalige huis van de familie Aldaya. Vervolgens gaat hij op zoek naar de laatste exemplaren van zijn boeken, waaronder Daniel's exemplaar van *De schaduw van de wind,* en vernietigt deze om elk spoor van zijn eigen bestaan uit te wissen.

Nadat de moeder van Daniel Sempere op jonge leeftijd is overleden, wordt hij opgevoed door zijn vader, een boekhandelaar. Op tienjarige leeftijd, wanneer hij zich zijn moeder niet meer kan herinneren, neemt zijn vader hem mee naar het Kerkhof der Vergeten Boeken, dat wordt beheerd door Isaac Montfort. Zoals elke nieuwe bezoeker van het kerkhof moet Daniel een boek adopteren, en hij kiest *De schaduw van de wind*, een roman van Julián Carax, die blijkbaar dood is. Later leren we dat Isaacs dochter Nuria negen jaar eerder een exemplaar van elk van Carax' boeken had verstopt.

Daniel is in de ban van de roman en leest hem nog dezelfde dag uit. Hij wil graag meer te weten komen over de inspiratie achter het verhaal en het leven van de auteur, dus vraagt hij de boekhandelaar Gustavo Barceló om hem te helpen. Dan verneemt hij dat hij het enige exemplaar van het boek heeft, aangezien alle andere op mysterieuze wijze zijn verbrand. Hij ontmoet en wordt verliefd op Gustavo's nichtje Clara. Wanneer hij naar huis terugkeert, ziet Daniel het silhouet van een man die lijkt op Laín Coubert, een personage uit de roman wiens gezicht in het duister is gehuld.

Op Daniels 16e verjaardag biedt deze mysterieuze man aan zijn exemplaar van het boek te kopen, maar Daniel weigert. Hij is bang dat de vreemdeling achter Clara aan zal gaan, aan wie hij het boek heeft gegeven, dus gaat hij naar het huis van de Barceló's om het terug te halen. Daar aangekomen doet hij een onaangename ontdekking: Clara heeft een verhouding met haar muziekleraar. Daniel is intens teleurgesteld en zijn gevoelens voor haar vervagen onmiddellijk. Na deze openbaring ontmoet hij een dakloze man, Fermín Romero de Torres, en raakt met hem bevriend. Hij besluit vervolgens het boek op een veilige plaats te verstoppen en kiest voor het Kerkhof der Vergeten Boeken, waar Isaac hem het adres geeft van zijn dochter Nuria, die bevriend was met Julián.

In de herfst van 1953 neemt Daniels vader Fermín in dienst bij de boekhandel, terwijl Daniel zijn vrije tijd benut om opnieuw contact te leggen met zijn jeugdvriend Tomás Aguilar. Hij probeert nog steeds meer te weten te komen over Carax, en er doet zich een reeks mysterieuze gebeurtenissen voor: hij ziet Laín Coubert weer, en een oude foto van Julián en een jong meisje voor de hoedenwinkel van Fortuny wordt door een vreemdeling in de boekhandel achtergelaten.

Julian gaat naar de hoedenwinkel om zijn onderzoek voort te zetten. Hij komt meer te weten over Julián's jeugd, waaronder de namen van twee van zijn jeugdvrienden, Jorge Aldaya en Miquel, en vindt een liefdesbrief die Penélope Aldaya, het meisje op de foto, aan hem schreef. Daniel schakelt vervolgens Fermín in, die een uitzonderlijk talent heeft voor speurwerk, om hem te helpen bij zijn onderzoek. Later gaat hij naar Nuria, die hem vertelt dat Julián in 1936 is overleden.

Rond deze tijd loopt Daniel Tomás's zus Bea tegen het lijf. Kort daarna vertelt hij haar alles wat hij weet over Carax en neemt haar mee naar het Kerkhof der Vergeten Boeken. Ze delen hun eerste kus, hoewel Bea verloofd is met een andere man. Daniel krijgt ook bezoek van inspecteur Fumero, die Fermín zoekt vanwege zijn verzet tegen het regime en zowel Daniel als zijn bedrijf bedreigt. De volgende dag beveelt Fumero de arrestatie en verminking van de plaatselijke horlogemaker Don Federico omdat hij homoseksueel is.

Daniel en Fermín zetten hun onderzoek voort en ontmoeten Juliáns jeugdvriend Vader Fernando Ramos en Penélope's gouvernante Jacinta, die hen beiden nuttige informatie verschaffen. Wanneer ze het gesticht verlaten waar Jacinta is geïnterneerd, wordt Fermín in elkaar geslagen door Fumero terwijl Daniel toekijkt, machteloos om in te grijpen.

Daniel neemt Fermín mee naar het huis van zijn oude vriend Gustavo Barceló om zijn verwondingen te behandelen, omdat Fermín een romantische relatie heeft met Bernarda, een dienstmeisje dat daar werkt, en hij vertelt Barceló alles wat hij weet over Carax. De boekhandelaar belooft hen te helpen bij hun onderzoek.

Hoewel meneer Aguilar woedend is op Bea, haar voortdurend in de gaten houdt en gedreigd heeft de benen te breken van de jongen met wie ze omgaat, ontmoet ze Daniel in een verlaten villa die vroeger toebehoorde aan de Aldayas, waar ze voor het eerst de liefde bedrijven. Een paar dagen later stuit Daniel op het graf van Penélope en haar kind, maar Laín Coubert verjaagt hem en Bea uit de villa.

Daniel neemt Barceló's advies aan en gaat terug naar Nuria. Hoewel hij het gevoel heeft dat zij tegen hem liegt, weet hij nog steeds niet dat niet Julián maar Miquel in 1936 is overleden. Die avond ontdekt hij dat Nuria zojuist is vermoord en dat Fermín de hoofdverdachte is. Hij is er echter ingeluisd: de echte dader is Fumero. Na Nuria's begrafenis komt Daniel Isaac tegen, die hem een brief van zijn dochter geeft waarin zij het verhaal van haar en Julián vertelt. De meest verbazingwekkende onthulling in de brief is misschien wel dat Laín Coubert in werkelijkheid Julián is, wiens gezicht gruwelijk verminkt is bij de brand in het pakhuis van Cabestany.

Daniel haast zich dan om Bea op te zoeken, omdat hij al een week niets van haar heeft gehoord, om er vervolgens achter te komen dat ze verdwenen is en zwanger is van zijn kind. Hij veronderstelt dat ze naar de villa van de Aldayas is gegaan en gaat er onmiddellijk heen. Zijn voorgevoel blijkt juist, en wanneer hij aankomt vindt hij zowel Bea als Julián, die voor haar zorgt. Fumero, die Daniel is gevolgd, stormt binnen en valt Julián aan. Daniel raakt ernstig gewond wanneer hij Julián probeert te beschermen, die uiteindelijk Fumero vermoordt.

Terwijl hij in het ziekenhuis ligt, geeft Daniel zijn pen aan Julián, de voormalige eigenaar, en vraagt hem opnieuw te gaan schrijven. Een paar maanden later trouwen Daniel en Bea. Ze krijgen samen een kind dat ze Julián noemen en dat de boekhandel van de familie Sempere overneemt. Carax is weer gaan schrijven, en draagt tien jaar later zijn laatste boek aan hen op. Tenslotte neemt Daniel zijn zoon mee om een van de best bewaarde geheimen van Barcelona te ontdekken: het Kerkhof der Vergeten Boeken.

KARAKTERSTUDIE

DANIEL SEMPERE

Daniel Sempere, hoofdpersoon en verteller van de roman, is waarschijnlijk geboren in 1935. Nadat hij op vierjarige leeftijd zijn moeder verloor, werd hij opgevoed door zijn vader, een boekhandelaar gespecialiseerd in zeldzame en tweedehands boeken. Daniel is opgegroeid omringd door literatuur, in een wereld vol verhalen en mysteries, en dit geeft hem het verlangen om schrijver te worden. Hij helpt zijn vader in de boekhandel, wat hem goed bevalt. Op zijn tiende ontdekt hij *De schaduw van de wind* en ontwikkelt hij een fascinatie voor Carax, met wie hij een mysterieuze band lijkt te delen.

Als tiener die nog aan het uitzoeken is wie hij is, twijfelt Daniel soms aan zichzelf en heeft hij moeite verantwoordelijkheid te nemen voor zijn daden. Hij voelt zich bijvoorbeeld schuldig als hij Nuria voor de tweede keer opzoekt en zij hem ervan beschuldigt Julián meer kwaad dan goed te hebben gedaan door te proberen hem uit de vergetelheid te redden. Hij voelt zich ook een lafaard omdat hij niets doet wanneer Fermín in elkaar wordt geslagen en omdat hij Bea de toorn van haar vader alleen laat ondergaan.

Wanneer zijn vader echter suggereert dat hij verantwoordelijk is voor de dood van Nuria, komt hij in actie en weigert hij zijn liefde voor Bea nog langer voor haar vader te verbergen, voordat hij zich tussen Fumero en Carax werpt. In de loop van de roman groeit hij uit van een onschuldige, eerlijke jongen die sterk op zijn vader vertrouwt tot een verantwoordelijke, tactvolle, volwassene. In 1956 trouwt hij met Bea, met wie hij een zoon krijgt, Julián, en samen nemen ze de boekhandel van de familie Sempere over. Door zijn zoon kennis te laten maken met het Kerkhof der Vergeten Boeken speelt hij een actieve rol in het levend houden van het mysterie van deze plek en de literatuur die er huist.

We krijgen geen gedetailleerde fysieke beschrijving van hem, maar verschillende personages merken op dat hij op Julián lijkt, die ook iets van zichzelf in de jongeman ziet.

JULIÁN CARAX

Julián Carax werd geboren in 1990 en is de biologische zoon van Sophie Carax en Ricardo Aldaya. Hij is het resultaat van een affaire, want Sophie was getrouwd met Antoni Fortuny toen hij werd verwekt. Antoni is woedend over het verraad van zijn vrouw en reageert zijn woede af op Sophie en Julián, van wie hij weet dat het niet zijn zoon is (en die hij ziet als het kind van de duivel). In 1914 wordt Julián benaderd door Ricardo Aldaya, die hem zijn zakenimperium wil nalaten. Ook ontmoet hij Jorge en Penélope Aldaya, op wie hij verliefd wordt. Hun relatie eindigt echter in een tragedie.

Vanaf zijn jeugd, die gekenmerkt wordt door het fanatieke katholicisme van zijn adoptievader, toont Julián een grote belangstelling voor kunst en andere creatieve bezigheden. Hij is buitengewoon fantasierijk en wordt beschreven als "een lief kind, een beetje vreemd en geneigd tot dagdromen […] maar er was iets aan hem dat je over de streep trok". Hij verzint vaak vreemde, fantastische verhalen met demonische wezens die hij in zijn schriften tekent. Na verloop van tijd raakt hij steeds meer toegewijd aan zijn vak, vooral nadat hij Penélope ontmoet, aan wie hij intens persoonlijke verhalen wijdt.

In 1919 gaat hij in ballingschap in Parijs en begint romans te schrijven die commercieel geen succes zijn, maar die een diepgaande invloed hebben op de weinige mensen die ze lezen. Hij beweert dat geen van zijn personages is geïnspireerd door de mensen om hem heen; in plaats daarvan vertegenwoordigen ze allemaal een facet van zijn persoonlijkheid.

Na zijn vertrek uit Barcelona wordt de voorheen charmante en ondeugende jongeman teruggetrokken en mysterieus. Zijn leven draait nu volledig om zijn boeken en zijn herinneringen: "Julián leefde in zichzelf, voor zijn boeken en daarin – een comfortabele gevangenis van zijn eigen ontwerp". Wanneer hij de graven van Penélope en hun zoon ontdekt, laat hij zijn dromen varen en wordt hij verteerd door zelfhaat en een diepe haat tegen zijn eigen werk, die Daniel hem uiteindelijk helpt te overwinnen.

Daniel's eerlijkheid en zijn oprechte verlangen om Julián te redden van de vergetelheid halen hem uit de zelfdestructieve spiraal waarin hij gevangen zat. Hij heeft een beschermende kant (hij helpt Bea wanneer zij haar toevlucht zoekt in de villa van de Aldayas), maar wordt nog steeds gedreven door een sterk verlangen naar wraak (hij doodt Nuria's voormalige baas, die haar seksueel intimideerde). In tegenstelling tot Fumero, die ook al sinds zijn jeugd met zijn demonen worstelt, vindt Julián in de loop van het verhaal verlossing en hervindt hij geleidelijk zijn menselijkheid.

JAVIER FUMERO

Francisco Javier Fumero is de zoon van de conciërges van de school van San Gabriel, waar Carax heeft gestudeerd. Hij is een eenzaam kind uit een arm gezin, met een vader die hem dwingt voortdurend te werken en een moeder die geobsedeerd is door sociale klimpartijen en hoopt zijn vrienden te gebruiken om vooruit te komen in de maatschappij. Hij wordt genadeloos gepest door de andere kinderen op school, maar Julián heeft medelijden met hem, sluit vriendschap met hem en stelt hem voor aan zijn eigen vrienden.

Toch is Javier een gestoord kind: hij brengt zijn vrije tijd door met het snijden van figuren uit hout en het martelen van dieren. Hij wordt verliefd op Penélope Aldaya, en is zo woedend als hij hoort van haar relatie met Julián dat hij hem probeert te vermoorden. Miquel komt echter tussenbeide en offert zich op om zijn vriend te redden.

Nadat hij van school is gestuurd en naar een tuchtschool is gestuurd, gaat Javier bij het leger en lijkt hij op weg naar een goede carrière, maar hij wordt er onder onduidelijke omstandigheden uitgegooid. Vervolgens leidt hij het leven van een huurling, die zijn diensten aanbiedt aan de hoogste bieder en een reeks schokkende wreedheden begaat. Tegen de tijd dat Daniel zijn onderzoek begint, is Fumero een gewetenloze politie-inspecteur, waardoor hij Daniel en Fermín om oneigenlijke redenen kan bedreigen.

Fumero wordt vaak vergeleken met een spin die langzaam en geduldig een web weeft om zijn slachtoffers te vangen. Hij wordt gedreven door een onverzadigbaar verlangen naar wraak en wijdt zijn hele leven aan het doden van Carax, die de vrouw van wie hij hield heeft "gestolen". Zijn leven draait om dit ene doel: "Hij heeft geen haast. Hij leeft om zich te wreken. Zonder wraak, zonder woede, zou hij wegsmelten".

Hij is verraderlijk, opportunistisch, manipulatief en ziekelijk arrogant:

> "Fumero vond oude mannen weerzinwekkend – net als kreupele mannen, zigeuners en homo's […] Soms maakte God fouten. Het was de plicht van elke rechtschapen burger om deze kleine tekortkomingen te corrigeren en de wereld er toonbaar uit te laten zien."

Zijn uiterlijk weerspiegelt zijn persoonlijkheid: "zijn aanwezigheid was zowel treurig als gloeiend, als een vloek gekleed in zijn zondagse kleren". Hij heeft "dunne lippen, als een open litteken" en "zwarte en uitdrukkingsloze" ogen als een vis. Hij ontwikkelt zich niet als personage naarmate het verhaal vordert, en wordt uiteindelijk door Carax gedood.

FERMÍN ROMERO DE TORRES

Het verleden van Fermín en de omstandigheden waardoor hij bedelaar werd, blijven in nevelen gehuld. Hij is een tengere man die vroeger een regeringsagent was en probeerde een aantal hoge ambtenaren te helpen het land te ontvluchten toen de burgeroorlog uitbrak, maar toen hij werd gearresteerd en gemarteld door Fumero, brak hij uiteindelijk en onthulde de identiteit van zijn superieuren, die vervolgens werden opgespoord en vermoord.

Deze beproeving heeft hem getraumatiseerd en verteerd door schuldgevoelens, en al snel staat hij op straat en is hij overgeleverd aan de genade van Fumero, de persoon die hij het meest vreest in de wereld. Wanneer hij wordt aangenomen om in de boekhandel van Semperes te werken, lijkt het alsof hij een nieuwe man wordt: hij is nu elegant, verzorgd en hardwerkend. Hij beschouwt Daniel als zijn redder en is bereid hem door dik en dun bij te staan.

Hij is spraakzaam en ruimdenkend, en zijn brutaliteit en vindingrijkheid maken hem tot een uitstekende detective. Hij wordt verliefd op Bernarda, het dienstmeisje van de Barceló's, met wie hij aan het eind van de roman trouwt. Ze krijgen samen vier kinderen.

Hij is zeer deskundig, beschikt over een uitstekend kritisch denkvermogen en is niet bang om zijn mening te uiten, hoe onpopulair die ook mag zijn (hij bekritiseert bijvoorbeeld het kapitalisme, het leger en de televisie). Hij staat pal voor zijn "anarchistisch-libertaire inslag": hij verwerpt de ideeën en decreten van de kerk en de regering, hoewel zijn medeburgers hem daar soms om bekritiseren. Hij aarzelt niet zich uit te spreken tegen de misstanden onder Francisco Franco (Spaans generaal en staatshoofd, 1892-1975).

Hoewel hij fysiek onopvallend is, geeft hij blijk van grote morele kracht, is hij zeer welbespraakt en heeft hij de nodige vastberadenheid om jarenlang op straat te overleven. Hij is een man van eer die zich altijd wil verbeteren en onwankelbaar trouw is aan zijn vriendin en zijn vrienden. Dit maakt hem tot een cruciale bondgenoot in Daniels onderzoek. Wanneer Isaac overlijdt, verlaat hij zijn baan in de boekhandel om het stokje van hem over te nemen op het Kerkhof der Vergeten Boeken.

BEATRIZ AGUILAR

Beatriz is studente literatuur, een liefhebster van boeken en de oudere zus van Tomás Aguilar, de beste vriend van Daniel uit zijn jeugd. In het begin van de roman kan ze niet goed opschieten met Daniel, die haar als pretentieus beschouwt:

> *"Roodharig en prachtig bleek, ze droeg altijd zeer dure jurken van zijde of zuivere wol. Ze had de taille van een mannequin en liep kaarsrecht rond, de rol van prinses in haar eigen sprookje spelend. Haar ogen waren groen-blauw, maar ze stond erop ze te beschrijven als 'smaragd en saffier'."*

Maar als ze elkaar vier jaar later weer zien, besluiten ze hun meningsverschillen opzij te zetten en vrienden te worden. Ze beginnen elkaar in vertrouwen te nemen en door hun weder-zijdse aantrekkingskracht groeit hun vriendschap al snel uit tot iets meer. Bea geeft dan haar plannen op om met Pablo Cascos Buendía te trouwen en Barcelona te verlaten. Ze is moedig: ze staat op tegenover haar vader en weigert hem te vertellen dat Daniel haar minnaar is. Haar zoon met hem heeft "de ogen en de intelligentie van zijn moeder".

ANALYSE

EEN HYBRIDE ROMAN

Een historische roman

Historische romans vermengen echte historische figuren en gebeurtenissen met fictieve elementen, en maken het mogelijk de geschiedenis vanuit een modern perspectief te bekijken. Het genre kent een lange traditie, aangezien historische settings al eeuwenlang worden gebruikt als achtergrond voor fictieve verhalen. Het duurde echter tot de Franse Revolutie (1789-1799) voordat de lezers begonnen te beseffen dat zij hun eigen stempel op de geschiedenis konden drukken en de belangstelling voor historische fictie groeide, totdat het vanaf de jaren 1830 een volwaardig genre werd (Aron, Saint-Jacques en Viala, 2002: 550), waarbij vaak werd voortgebouwd op de precedenten van het werk van Walter Scott (Schots schrijver en dichter, 1771-1832).

Tot de bekendste 19e-eeuwse schrijvers van historische fictie behoren Victor Hugo (Franse schrijver, 1802-1885), Alexandre Dumas, *père* (Franse schrijver, 1802-1870) en Leo Tolstoj (Russische schrijver, 1828-1910). Het genre ontwikkelde zich verder in de 20e eeuw, in termen van conventies (sommige auteurs maakten romans die vanuit meerdere perspectieven werden geschreven, en de auteur-verteller werd vaak een personage op zich), auteurs (steeds meer vrouwen begonnen historische fictie te publiceren) en lezers (er ontstond een breder publiek).

Ruiz Zafón is geboren in 1964, na de periode die hij in zijn roman beschrijft. Zijn personages zijn echter onmiskenbaar gevormd door de historische context, met name de Spaanse Burgeroorlog en het Francoïstische regime, belichaamd door inspecteur Fumero. Ook de weergave van de invloed van de katholieke kerk en het seksisme dat in Spanje in die tijd hoogtij vierde, dragen bij aan de authenticiteit van de historische setting van de roman.

 ## DE SPAANSE BURGEROORLOG EN HET FRANCOÏSTISCHE REGIME

De Spaanse Burgeroorlog en het daaropvolgende Francoïstische regime (1939-1975) en hun ingrijpende gevolgen voor de bevolking van het land zijn uitvoerig beschreven door 20e- en 21e-eeuwse Spaanse auteurs. In 1936, vijf jaar na het aantreden van de Tweede Republiek (1931-1939), werd Spanje geteisterd door een groot aantal sociale en economische problemen die de stabiliteit van het land in gevaar brachten. Op 17 en 18 juli van dat jaar pleegde het leger een staatsgreep onder leiding van Francisco Franco. Hoewel de staatsgreep mislukte, leidde dit tot een langdurig conflict tussen Republikeinen en Nationalisten (Francoïsten), dat pas in 1939 eindigde.

Franco regeerde vervolgens als dictator over Spanje en vestigde een imperialistisch regime dat sterk werd beïnvloed door het katholicisme. Tegenstanders van het regime werden hard gestraft en Spanje isoleerde zich geleidelijk van zijn buren. Na de dood van Franco in november 1975 was er een 20 maanden durende overgang naar democratie voordat een parlementaire monarchie werd ingesteld. De amnestiewet

van 1977 garandeerde immuniteit voor de daders van mis-
daden tijdens de burgeroorlog en het regime van Franco,
waardoor hun slachtoffers nooit gerechtigheid kregen.

Magisch realisme

De mysterieuze, quasi-fantastische sfeer van de roman ver-
toont veel overeenkomsten met het magisch realisme. Dit
genre wordt gekenmerkt door "het feitelijk opnemen van
fantastische of mythische elementen in schijnbaar realisti-
sche fictie" (*Encyclopaedia Britannica*), en wordt vaak geassocieerd met Latijns-Amerikaanse schrijvers als Gabriel
García Márquez (Colombiaanse schrijver, 1927-2014) en
Isabel Allende (Chileense schrijfster, geboren in 1942).

De magisch-realistische elementen van *De schaduw van de
wind* omvatten:

- het Kerkhof der Vergeten Boeken, een mysterieus labyrint
waar de personages snel verdwalen;
- het personage van Laín Coubert, die "uit de bladzijden van
een roman brak om hem te verbranden";
- de villa van de Aldayas, die naar verluidt behekst en ver-
vloekt is, en waar smerige moorden en onverklaarbare
verschijnselen plaatsvinden;
- de profetische visioenen van Jacinta en van Julián en
Penélope, wier dromen over hun ontmoeting uitkomen;
- het schijnbaar onvermijdelijke lot dat de personages ver-
bindt;
- de constante parallellen tussen Daniel en Julián's verhalen;
- het decor van Barcelona, dat voortdurend in mist gehuld is.

EEN ORIGINEEL VERHAAL

Hoewel het verhaal van Daniel lineair wordt verteld, worden de verschillende episodes van Carax' leven niet in chronologische volgorde verteld, aangezien de verschillende personages zijn levensverhaal steeds aanvullen of corrigeren. Het verhaal van Ruiz Zafón weerspiegelt de vorm van de roman van zijn personage, die is als "een van die Russische poppen die ontelbare afnemende replica's van zichzelf bevatten. Stap voor stap splitst het verhaal zich in duizend verhalen".

De parallellen tussen Daniels verhaal in het verhalende heden en Juliáns verhaal in het verleden worden duidelijker naarmate het verhaal vordert en versterken het verband tussen de twee tijdsperioden, die aan het eind van de roman in elkaar overlopen.

Ten slotte wordt de roman van Ruiz Zafón gepresenteerd alsof hij door Daniel is geschreven: "Terwijl ik deze regels schrijf op de toonbank van mijn boekhandel [...]". Dit versterkt het verband tussen de verhalen van Daniel en Julián, die zijn samengebracht in één roman, *De schaduw van de wind, die* tegelijk verwijst naar het boek van Daniel Sempere, dat van Julián Carax en dat van Ruiz Zafón.

VERGETEN EN GEHEUGEN

De thema's vergeten en herinnering worden vanaf de eerste pagina's van de roman verkend. Wanneer Daniel het Kerkhof der Vergeten Boeken ontdekt, legt zijn vader uit wat de rol is van deze tijdloze plek, waar talloze vergeten werken liggen: "Op deze plek leven boeken die niemand zich meer herinnert, boeken die verloren zijn gegaan in de tijd, voor eeuwig, wachtend op de dag dat ze de handen van een nieuwe lezer zullen bereiken".

Daniel kiest *De schaduw van de wind* van Julián Carax, en maakt het tot zijn missie om de auteur en zijn werk uit de vergetelheid te redden. Deze uitdaging bepaalt een groot deel van de plot van de roman. Wanneer Carax, die nog in leven is, kennis neemt van Daniels inspanningen, is hij aanvankelijk woedend, maar besluit dan niet in te grijpen, in de hoop dat Daniel zal leren van zijn fouten in zijn relatie met Bea. Daniel van zijn kant lijkt niet al te veel na te denken over zijn werkelijke beweegredenen om aan deze missie te beginnen.

Net als Daniels vader, die zijn overleden vrouw niet kan vergeten, houdt Julián vast aan zijn herinneringen aan Penélope nadat hij naar Parijs is verhuisd. Wanneer hij van haar dood hoort, is hij er kapot van en raakt hij geobsedeerd door het vernietigen van elk spoor van zijn werk, alsof hij "elk spoor van [zijn] bestaan wil uitwissen".

Julián wordt daarom Laín Coubert, de schurk van *De schaduw van de wind*. Zijn verlangen om zijn levenswerk te vernietigen verdwijnt pas als Daniel zijn onderzoek begint, en hij komt geleidelijk weer tot leven en besluit aan het eind van de roman zelfs een nieuw boek te schrijven.

Ook het personage van Nuria is verbonden met het thema van vergeten en herinnering. Zij is smoorverliefd op Julián, houdt nog steeds vast aan de herinnering aan haar reis met hem naar Parijs en kan haar oude geliefde ook na haar huwelijk met Miquel niet vergeten. In haar brief aan Daniel laat ze zien dat ze zich bewust is van haar neiging om in het verleden te leven en onthult ze haar angst om door de wereld vergeten te worden.

Het thema van vergeten en herinnering wordt ook verkend door het portretteren van de Spaanse Burgeroorlog en het daaropvolgende Francoïstische regime. De roman speelt zich af in de jaren vijftig, waardoor Ruiz Zafón op subtiele wijze de gevolgen van zowel de Burgeroorlog als de Tweede Wereldoorlog (1939-1945) voor het Spaanse volk kan onderzoeken. Nuria waarschuwt Daniel voor het collectieve geheugenverlies als gevolg van het conflict ("Niets voedt de vergetelheid beter dan oorlog, Daniel. We zwijgen allemaal en ze proberen ons ervan te overtuigen dat [...] wat we over onszelf hebben geleerd [...] een illusie is"), en dit concept wordt geïllustreerd door Fumero, die tijdens de oorlog wreedheden heeft begaan maar door de inwoners van Barcelona, die willen vergeten wat er is gebeurd, als legitieme autoriteit wordt geaccepteerd. Hij is echter ook het slachtoffer van dit moedwillige geheugenverlies, want tien jaar na zijn dood is hij volledig vergeten.

DE IMPACT VAN DE SPAANSE BURGEROORLOG

De setting van de roman, het naoorlogse Barcelona, is cruciaal voor het verhaal: hierdoor kan de lezer de historische context beter begrijpen, evenals het gedrag en de ervaringen van bepaalde personages, zoals Fumero, Nuria, Fermín en Don Federico. Deze personages illustreren de gevolgen van de Burgeroorlog, de Franco-jaren en de Tweede Wereldoorlog voor de Spaanse bevolking:

- Fumero vertegenwoordigt de macht van Franco: hij profiteert van de instabiliteit en onrust van de burgeroorlog en gebruikt geweld, wreedheid en leugens om zich een gezagspositie te verwerven. De rest van de bevolking is zowel doodsbang voor als gefascineerd door hem. Daardoor doet Fumero onvermijdelijk denken aan Franco, wiens voornaam hij deelt.

- Fermín is een van de verslagen tegenstanders. Hij was een regeringsagent aan het begin van de oorlog en werd gemarteld door Fumero, die hem sindsdien meedogenloos achtervolgt. Zijn overtuigingen (met name zijn minachting voor de katholieke kerk) brengen hem in conflict met de Francoïstische regering.

- Don Federico is ook een slachtoffer van de Francoïstische ideologie: zijn seksuele geaardheid is niet verenigbaar met de katholieke leer van het regime en maakt hem een perfect doelwit voor Fumero.

- Nuria vertegenwoordigt de armoede als gevolg van de oorlog: haar man Miquel verloor zijn baan als journalist door de Burgeroorlog, en zij had moeite om een baan te vinden tijdens de Tweede Wereldoorlog.

Deze details, die verspreid zijn over de roman, illustreren de onverdraagzaamheid en onderdrukking van de vrijheid van meningsuiting die het regime van Franco kenmerkten. De roman lijkt de literatuur te presenteren als een manier om zich tegen dit verbod te verzetten.

Boeken, vooral die van Carax, maken vrije expressie mogelijk (voor zowel de lezer als de auteur), en voorkomen zo de totale vernietiging van de democratie. Boekverkopers als

Daniel en zijn vader zorgen ervoor dat boeken, en daarmee de ideeën die ze bevatten, kunnen circuleren, zelfs als ze in strijd zijn met de Francoïstische ideologie. Ook het Kerkhof der Vergeten Boeken voorkomt niet alleen dat boeken in de vergetelheid raken, maar beschermt ze ook tegen geweld en onrust in de buitenwereld.

DE KRACHT VAN HET LOT

Het idee van het lot is alomtegenwoordig in de roman. Wanneer Daniel Juliáns werk vindt op het Kerkhof der Vergeten Boeken, blijft hij zich afvragen wat het hem gebracht heeft: "Het kan dat idee zijn geweest, of gewoon toeval, of het meer flamboyante familielid daarvan, het lot, maar op dat precieze moment wist ik dat ik het boek al had gekozen dat ik zou adopteren, of dat mij zou adopteren". Bea gelooft ook in het lot: "Ik geloof dat niets bij toeval gebeurt. Diep van binnen hebben de dingen hun eigen geheime plan, ook al begrijpen we dat niet".

Het idee van het lot wordt uitgediept aan de hand van de personages Julián en Daniel. Het verhaal van Daniel doet in een aantal opzichten denken aan dat van Julián, en de twee mannen lijken fysiek op elkaar, zoals Nuria opmerkt. Hoewel ze heel verschillende gezinslevens hebben, lijken hun romantische avonturen sterk op elkaar. Tegen het einde van de roman worden deze overeenkomsten versterkt wanneer Bea zwanger wordt nadat ze voor het eerst seks heeft gehad in de villa van de Aldayas, net als Penélope voor haar. Gelukkig voor Daniel heeft zijn verhaal een veel minder tragisch einde dan dat van de twee andere geliefden: hij trouwt met Bea en zij baart een gezonde zoon.

Volgens Carax zijn hij en Daniel door het lot bij elkaar gebracht met een specifiek doel: zodat hij zijn geestelijke zoon ervan kan weerhouden dezelfde fouten te maken als hijzelf en zo Penélope's vergiffenis kan winnen. Hij ziet Daniel als een uitweg uit zijn gevangenis van herinneringen, omdat deze hem helpt menselijke emoties en de wereld om hem heen te herontdekken. Aan het eind van de roman begint hij weer te schrijven en draagt hij zijn boek op aan Daniel en Bea: "Voor mijn vriend Daniel, die me mijn stem en mijn pen teruggaf. En voor Beatriz, die ons beiden ons leven teruggaf".

Ook de levens van de andere personages in de roman, met name Penélope en haar gouvernante Jacinta, worden gevormd door het lot. Penélope en Julián droomden allebei over de ander voordat ze elkaar ontmoetten, en zij was ervan overtuigd dat ze later met hem zou trouwen, wat erop lijkt te wijzen dat er geen ontkomen aan ons lot is. Ook Jacinta's profetische visioenen (ze ziet een engel genaamd Zacarías in haar dromen) tonen de kracht van het lot aan.

VROUWEN IN FRANCOISTISCH SPANJE

De opvattingen van sommige personages in de roman weerspiegelen de seksistische opvattingen die tijdens het regime van Franco wijdverbreid waren. Meneer Aldaya zegt bijvoorbeeld: "De enige die denkt en leest in huis is mijn dochter Penélope, dus al die boeken zijn weggegooid geld". Lezen wordt gezien als een vrouwelijk tijdverdrijf en wordt daarom gekleineerd. Fumero zegt bijvoorbeeld: "lezen is voor mensen die veel tijd hebben en niets te doen. Zoals vrouwen", en Jorge zegt tegen Julián dat Penélope "een beetje gek is. Ze leest de hele dag".

Wetenschap en wiskunde worden herhaaldelijk voorgesteld als ongeschikte vakken voor vrouwen om te studeren. Ook Nuria wordt met soortgelijke vooroordelen geconfronteerd, zoals blijkt wanneer zij uitlegt dat zij bijna uit haar appartement was gezet: "Je kunt het je voorstellen, een vrouw die vreemde talen spreekt en een broek draagt". Sommige personages geloven zelfs dat "een man zijn vrouw soms moet slaan om haar respect voor hem te laten krijgen".

De manier waarop vrouwen in de roman worden behandeld geeft vorm aan de plot. Zo sterft Penélope omdat haar vader haar opsluit in haar kamer en haar alleen laat bevallen:

> *"Als er een dokter aanwezig was geweest, zou hij Don Ricardo Aldaya van moord hebben beschuldigd, want er was geen ander woord dat het tafereel in die donkere, bebloede cel kon beschrijven. Maar er was niemand, en toen ze eindelijk de deur openden en Penélope dood in een plas van haar eigen bloed vonden, terwijl ze een glanzende, paarsgekleurde baby omhelsde, was niemand in staat om ook maar één woord uit te brengen."*

Het leven van vrouwen wordt beheerst door de keuzes die hen worden opgedrongen en die soms zelfs de loop van het lot veranderen: Penélope had een voorgevoel dat ze ooit met Julián zou trouwen, maar door haar vroegtijdige dood is dat nooit gebeurd.

Dit seksisme weerspiegelt de historische realiteit van die tijd. De progressieve democratische regering van de Tweede Republiek, die op 14 april 1931 aan de macht kwam, verleende vrouwen meer rechten, waaronder gelijkheid voor de wet, stemrecht, recht op echtscheiding en recht op abortus. Vrouwen kregen ook gemakkelijker toegang tot hoger onderwijs en er ontstond een bloeiende feministische beweging.

De overwinning van Franco in de Burgeroorlog bracht echter drastische veranderingen in de status van vrouwen: zij werden toen juridisch en sociaal als minderwaardig aan mannen beschouwd en verloren de rechten die zij eerder hadden verworven. Pas na Franco's dood in 1975 begon hun situatie geleidelijk te verbeteren.

HET BELANG VAN CULTUUR

Sommige personages in de roman, met name Julián en Daniel, zijn gefascineerd door de kunst en zien deze als een soort toevluchtsoord en een kans om het leven vollediger te ervaren.

Fumero daarentegen meent dat "lezen iets is voor mensen die veel tijd hebben en niets te doen", en de heer Fortuny staat negatief tegenover Juliáns belangstelling voor kunst: "[Julián] hield van muziek, kunst en alle zaken die in de mensenwereld niet als praktisch werden beschouwd". Volgens hem is literatuur de schadelijkste ondeugd van allemaal.

Naast haar intrinsieke waarde wordt literatuur geassocieerd met kritisch denken. Volgens Fermín is dit een vaardigheid die de meerderheid van zijn medeburgers ontbeert; in plaats van zelf na te denken, napraten ze de mening van anderen en schelden ze op iedereen die het niet met hen eens is. De televisie wordt in ongunstige zin vergeleken met de literatuur omdat die deze neiging versterkt, en het onderwijssysteem wordt bekritiseerd omdat het leerlingen niet aanzet tot zelf nadenken.

De literatuur wordt afgeschilderd als een van de laatste bastions van cultuur en denken, en Daniel en Bea zijn vastbesloten alles te doen wat in hun macht ligt om die te verdedigen:

> *"Bea zegt dat de kunst van het lezen langzaam uitsterft [...]. Elke maand krijgen we aanbiedingen om onze boekhandel te veranderen in een winkel met televisies, gordels of schoenen met touwzolen. Ze krijgen ons hier niet weg tenzij het met de voeten eerst is."*

In tegenstelling tot andere vormen van populair vermaak opent literatuur nieuwe en onverwachte horizonten en vormt het onze manier van denken. De duizenden boeken (en auteurs) die het Kerkhof der Vergeten Boeken uit de vergetelheid redt, kunnen ons veel leren over de wereld en over onszelf. Literatuur is van vitaal belang als we willen leren van het verleden en willen voorkomen dat we de fouten van de geschiedenis herhalen.

Ten slotte worden in de roman de kunsten als tegenpool van oorlog en geweld gepresenteerd. Julián is te artistiek en "zou niet veel waard zijn geweest als soldaat, dat kon je van verre zien", terwijl Miquel het geld dat hij erfde van de wapenhandel van zijn vader besteedt aan goede daden, met name de bevordering van cultuur:

> *"Miquel leidde een bijna monastiek bestaan, gewijd aan het verspillen van het geld van zijn vader, dat hij beschouwde als besmeurd met bloed, aan de restauratie van musea, kathedralen [...] en aan het zorgen dat de werken van zijn jeugdvriend, Julián Carax, in zijn geboortestad werden gepubliceerd."*

De roman zinspeelt ook op de censuur onder Franco's regime: Sempere vermeldt dat Spaanse boeken in die tijd vaak in Frankrijk werden uitgegeven in plaats van in Spanje, en Nuria zegt dat "Julián nauwelijks nog boeken om te verbranden". Ruiz Zafóns vurige verdediging van de cultuur maakt *de schaduw van de wind* zo nog belangrijker.

VERDERE REFLECTIE

ENKELE VRAGEN OM OVER NA TE DENKEN...

- Tot welk genre of genres behoort de roman? Leg je antwoord uit.

- Hoe wordt literatuur afgebeeld in de roman?

- "Er zijn ergere gevangenissen dan woorden". Verklaar en becommentarieer deze opmerking van Nuria.

- Hoe is het lot van Daniel en Julián verbonden in de roman?

- In een van zijn eerdere boeken schreef Julián dat "toevalligheden de littekens van het lot zijn". Verklaar en becommentarieer deze uitspraak.

- Hoe wordt eenzaamheid afgebeeld in de roman?

- Ruiz Zafón koos ervoor om zijn verhaal af te spelen in Barcelona in de jaren vijftig. Waarom is dit belangrijk? Wat kunnen we leren over dit tijdperk door de roman te lezen?

- Wat vertelt de roman ons over de verhoudingen tussen mannen en vrouwen in Spanje in de tijd waarin de roman zich afspeelt? Hoe beïnvloeden zij de plot?

VERDER LEZEN

REFERENTIE-UITGAVE

Ruiz Zafón, C. (2004) *The Shadow of the Wind.* Trans. Graves, L. Londen: Phoenix.

REFERENTIESTUDIES

Augado, A. (2014) Citoyenneté féminine sous la Seconde République : entre le réformisme social et la démocratisation. *Cahiers de civilisation espagnole contemporaine.* 12. [Online]. [Geraadpleegd op 28 maart 2018]. Beschikbaar via: <http://journals.openedition.org/ccec/5153>

Aron, P., Saint-Jacques, D. en Viala, A. eds. (2002) *Le dictionnaire du littéraire.* Parijs: PUF.

Burgelin, C. (Geen datum) Roman historique. *Encyclopedie Universalis.* [Online]. [Accessed 28 March 2018]. Beschikbaar vanaf: <https://www.universalis.fr/encyclopedie/roman-historique/>

Burger, S. et al. (2009) *Promenades dans la Barcelone de* l'Ombre du vent. Parijs: Le Livre de Poche.

(Geen datum) El realismo mágico y real maravilloso. *ABC.* [Online]. [Accessed 28 March 2018]. Beschikbaar vanaf: <http://www.abc.com.py/articulos/el-realismo-magico-y-real-maravilloso-847616.html>

Gengembre, G. (2010) Le roman historique : mensonge historique ou vérité romanesque ? *Études. Revue de culture contemporaine.* 10(413), pp. 367-377.

Ide, S. (2014) L'Espagne dace au droit ou au non droit à l'avortement. *TV5Monde*. [Online]. [Accessed 28 March 2018]. Beschikbaar via: <https://information.tv5monde.com/terriennes/l-espagne-face-au-droit-ou-au-non-droit-l-avortement-3138>

Lapointe, J. (2011) Carlos Ruiz Zafón: la littérature d'abord. *La Presse*. [Online]. [Accessed 28 March 2018]. Beschikbaar via: <http://www.lapresse.ca/arts/livres/201101/22/01-4362793-carlos-ruiz-zafon-la-litterature-dabord.php>

(Geen datum) Magisch realisme. *Encylopaedia Britannica*. [Online]. [Accessed 28 March 2018]. Beschikbaar vanaf: <https://www.britannica.com/art/magic-realism>

Morant, I. (2010) Histoire des femmes en Espagne et en Amérique latine. *Genre & Histoire. La revue de l'Association Mnémosyme*. 7. [Online]. [Geraadpleegd op 28 maart 2018]. Beschikbaar vanaf: <http://journals.openedition.org/genrehistoire/1100>

(Geen datum) Roman historique. *Larousse*. [Online]. [Accessed 28 March 2018]. Beschikbaar vanaf: <http://larousse.fr/encyclopedie/litterature/roman_historique/176585>

Ruiz Tosaus, E. (2008) Algunas consideraciones sobre *La sombra del viento* de Ruiz Zafón. *Espéculo. Revista de estudios literarios*. [Online]. [Accessed 28 March 2018]. Beschikbaar vanaf: <http://webs.ucm.es/info/especulo/numero38/soviento.html>

Zulaika, C. (2011) La femme espagnole au XXe siècle : une histoire de progrès et de reculs. *Arte.tv*. [Online]. [Accessed 28 March 2018]. Beschikbaar via: <http://www.arte.tv/sites/leurope-en-debat/2011/01/28/la-femme-espagnole-au-xxeme-siecleune-histoire-de-progres-et-de-reculs/>

*We horen graag van jou! Laat
een reactie achter op jouw online bibliotheek
en deel je favoriete boeken op social media!*

De uitgever garandeert de betrouwbaarheid van de gepubliceerde informatie, die echter niet onder zijn verantwoordelijkheid valt.

www.50minutes.com

Master ISBN: 9782808689168
Papier ISBN: 9782808610568
Wettelijk depot: D/2023/12603/1336

Omslag: © Primento

Digitaal ontwerp: Primento, de digitale partner van uitgevers.